AF330488

# ESSAI

SUR

# LE PAUPÉRISME

## LE DROIT AU TRAVAIL

ET

## LA LIBERTÉ

S'il est quelque chose qui puisse relever l'homme à la fois physiquement et moralement c'est le TRAVAIL.

Parler est bien, agir est mieux.

PRIX : 50 CENTIMES

PARIS

IMPRIMERIE CENTRALE

Rue Pagevin, 14

— 1872 —

# ESSAI

SUR

# LE PAUPÉRISME

## LE DROIT AU TRAVAIL

ET

## LA LIBERTÉ

# ESSAI

sur

# LE PAUPÉRISME

## LE DROIT AU TRAVAIL

ET

## LA LIBERTÉ

> Les questions non résolues sont toujours
> nouvelles : or s'il est quelque chose qui
> puisse relever l'homme à la fois physi-
> quement et moralement c'est le Travail.
>
> Parler est bien, agir est mieux.

En publiant les pages suivantes, je crois apporter mon grain de sable à l'édifice social — toujours achevé, jamais fini — : si je me fais illusion, si ce prétendu grain de sable n'est qu'un peu de poussière sans valeur., j'espère que le lecteur — si lecteur il y a — me pardonnera son ennui en faveur de mes intentions.

## I

Le Paupérisme a été traité par tant d'économistes sérieux et distingués, qu'il nous semble un peu téméraire de venir, après eux, soumettre des idées qui n'ont point pour but de guérir mais seulement de réduire cette plaie toujours béante qui ne cesse de préoccuper la société.

Il est vrai que ce sujet a fait naître nombre d'utopies, qui n'ont été accueillies momentanément que par la théorie seule ou par l'illusion, et que leurs auteurs n'auraient certes pas publiées s'ils avaient été instruits par l'expérience. Nous ne parlons pas, et pour cause, de ceux qui n'ont émis les leurs que pour se dresser un piédestal : le public en a fait prompte justice.

Mais pourquoi tant d'efforts sérieux sont-ils restés sans résultats plus appréciables ?

Voici notre opinion à cet égard :

Jusqu'à preuve contraire, nous tenons le paupérisme pour un problème insoluble : mais nous voyons aujourd'hui des choses si étranges, que nous marchons avec ceux qui affirment qu'on ne doit plus jurer de rien. Soit. Enfin l'on a pu jusqu'ici l'adoucir, le calmer, le rendre moins affreux ; — le guérir, point.

En effet, — toujours selon nous, car nous laissons partout une porte ouverte à l'espérance, — en effet, il y a eu et il y aura toujours ici-bas des pauvres et des riches, des heureux et des déshérités, quoi qu'on dise, quoi qu'on fasse ; et, durant leur existence, ils y resteront étroitement rivés aussi longtemps que le bien et le mal y seront inséparables. — C'est évidemment parce que le mal l'emporte sur le bien. Mais à qui la faute ?...

Et pourquoi trouvons-nous sans cesse devant nous le bien et le mal ? Pourquoi des bons et des méchants ? Cet état de choses est-il lui-même un bien ou un mal ? On dit que c'est un bien.

Il est certain, pourtant, qu'on écrirait de longues et belles pages en faveur d'un système entièrement opposé, mais ces pages pourraient bien ne prouver qu'une chose, c'est qu'on peut être un homme d'un grand talent et parfois se tromper mieux qu'un simple mortel. — Cela se voit. — Du reste, peut-être en est-il ainsi de tout dans la vie, que ce sont les idées les plus fausses qui prêtent le plus à l'éloquence, les objets les moins solides, les moins durables, qui portent le plus à l'admiration, à l'entraînement? Ainsi, pâle exemple, on voit des gens s'extasier devant l'œuvre d'un artiste célèbre et demeurer parfaitement froids devant les grands sites de la nature, devant l'immensité de l'Océan ! Pourquoi? sans doute parce que nous ne trouvons plus la nature assez parée. La Vérité, elle, est grande autant que simple. Enfin, d'où qu'ils viennent, toujours l'erreur et le bon sens, le faux et le vrai, le bien et le mal rencontrés côte à côte. Pourquoi cet assemblage? Ne serait-il point là ce fait étrange pour nous rappeler notre condition misérable, mais que cependant nous avons encore le choix?...

C'est assez probable.

Pourquoi donc hésiter à le dire? En quoi cela pourra-t-il influencer celui qui est décidé à faire uniquement le bien? Est-ce que l'un ou l'autre est d'ailleurs exclusivement le partage de l'une ou de l'autre classe de la société? Assurément non, car le bien et le mal se plaisent un peu partout; où l'on veut bien les recevoir. La fatalité n'y entre pour rien.

De ce qui précède, ainsi que des insuccès constatés plus haut, il résulte donc que nous sommes condamnés à lutter sans cesse contre un fléau en même temps tenace et redoutable. Le découragement aurait certainement pour effet de le rendre plus effrayant encore. Il faut s'en garder. — C'est dans ce but que nous allons chercher à le réduire.

Les derniers évènements ont donné d'ailleurs tant d'actualité à cette vieille question, que tout effort même en ce sens doit être le bienvenu.

En effet, quels sont les auteurs des révolutions violentes? l'ambition et la misère: l'ambition, qui est la tête, et la misère, qui est le corps de ce triste objet, que l'on pourrait personnifier par un corps difforme revêtu de haillons sordides, sous une tête bouffie suant à la fois l'orgueil et l'envie. Si l'on pouvait séparer ces deux parties distinctes, qui tendent toujours à se rapprocher par suite d'aspirations identiques, tout serait dit sur la plupart de nos révolutions:

mais ce serait se faire une illusion que d'y songer ; toujours l'ambition et l'envie exploiteront la misère, en faisant briller à ses yeux un faux jeton ou un ciel tout d'azur derrière lequel il n'y a que le vide. Quant à prétendre guérir l'homme de ces deux péchés capitaux qui jettent un tel trouble dans la société, ce ne serait pas seulement une illusion mais de la folie. Ce qui est restera... et nous perdra sans doute, s'il est vrai que l'ambition perdit l'homme.

Nous n'avons jamais dit le contraire.

En présence de telles difficultés ; en face d'une impuissance aussi manifeste à l'égard de la tête, il faut donc jeter les yeux sur le corps et se demander s'il n'y a rien à faire pour lui.

Sans doute la force est un moyen de répression qui a peu souvent manqué son but ; mais ses résultats sont aussi onéreux que violents et ne démontrent absolument qu'une chose à ceux qui en sont l'objet, c'est qu'ils sont les plus faibles pour l'instant ; aussi, exaspérés par leur défaite, se promettent-ils une vengeance qui reste rarement sans effet, même après de longues années.

Ne pourrait-on mieux ? Certes non , lorsque le flot débordé menace d'envahir tout le pays ; mais avant ?.. Peut-être en réduisant le paupérisme détournerions-nous les aspirations d'un assez grand nombre pour l'espérer.

En effet, il vaut mieux prévenir que réprimer : sans doute on ne l'ignore point, mais nous le rappelons ici parce qu'on l'oublie quelquefois dans les circonstances les plus graves. C'est pourquoi nous émettons nos idées avec l'espoir qu'elles ne seront pas perdues pour tout le monde, si elles sont réellement pratiques et de nature à procurer quelque soulagement à des misères profondes et parfois peu méritées.

## II

Avant d'entreprendre un malade sérieusement compromis tout docteur prudent s'informe d'abord de qui et d'où il provient ; quels sont ses antécédents, ses habitudes, son genre d'occupations, son caractère et enfin où et depuis combien de temps il souffre ; tous les renseignements qui précèdent à l'effet de connaître la nature et le degré de la maladie de son nouveau client.

De même nous agirons pour les pauvres. Nous allons voir d'abord aussi nous d'où ils proviennent ; quels sont leurs antécédents, leurs habitudes, leur caractère, puis enfin comment et pourquoi ils souffrent ; tous renseignements propres à nous faire connaître ceux que nous ne pouvons que soulager, comme ceux que nous devons sauver.

Il est bien entendu que nous ne comprenons pas dans nos pauvres les hommes valides qui n'ont pas encore quarante-cinq ans par exemple, puisqu'ils peuvent sortir de la misère au moyen du travail ; par pauvres nous disons tous gens d'un certain âge, ainsi que les estropiés et blessés de tout âge.

Pour simplifier cette assez longue énumération, à laquelle on ne peut pas revenir deux fois en si peu de pages, si l'on veut éviter une confusion regrettable, notre appréciation sur chaque catégorie suivra immédiatement la classification que nous allons présenter, avec ces deux seules réserves, que nous admettons partout des exceptions et qu'ici nous ne faisons pas de politique mais seulement de l'économie sociale, pour tout le monde, pour ceux qui sont satisfait comme pour ceux qui souffrent.

Nous voyons donc dans cette grande et affligeante famille qui constitue le paupérisme :

1°. Des infirmes nés et restés pauvres: ; — pour lesquels nous ne pouvons rien, attendu que la plupart ne sauraient être occupés que bien rarement et par exception. Du reste .

peu nombreux comparativement, et tous secourus par les bureaux de bienfaisance.et les maisons de charité.

2°· Des ouvriers estropiés ou blessés. — Sont presque tous secourus ; cependant bon nombre d'entre eux seraient satisfaits d'être employés à certains travaux.

3°. Des ouvriers restés ou devenus pauvres, soit par suite de mauvaise santé, maladies accidentelles, excès de charges ou inconduite. — Les plus malheureux sont secourus, mais il en est beaucoup qui, ne trouvant plus d'occupation qu'accidentellement à cause de leur âge, ne demanderaient pas mieux que de travailler régulièrement pour se procurer le nécessaire ; et ceux-là seraient encore utiles à la société pendant de longues années, par ce motif que l'homme habitué au travail, rompu à la fatigue, peut s'occuper jusque dans un âge fort avancé. Nous en avons vu travailler à soixante et dix ans. La plupart d'entre eux souffrent à la fois physiquement et moralement. — Quant à ceux qui ne cherchent du travail que juste ce qui leur en faut pour suppléer à l'insuffisance des secours qu'ils sollicitent de toutes parts, il est inutile de songer à les employer, d'autant plus qu'ils ne consentiront jamais à quitter les lieux où ils fraternisent aussi souvent que possible avec de *vieux compagnons d'infortune*. Incapables de souffrir moralement, ils vivent de peu et préfèrent leur condition misérable et vagabonde à toute sujétion si douce qu'elle soit. D'ailleurs aucun sentiment du bien. C'est parmi eux que l'ambition recrute surtout les bras dont elle a besoin.

4°. Nombre de petits employés qui, soit défaut d'intelligence, d'instruction, d'occasions favorables ou de conduite, n'ont jamais pu franchir un traitement infime, peu en rapport avec l'ambition de la plupart d'entre eux, et suffisant à peine à leurs besoins présents. Ne trouvant que peu ou point d'occupation à un certain âge, à moins que ce ne soit à un prix plus bas encore, ils sont en général disposés à rejeter la cause de leurs déceptions ou de leur misère sur les gouvernants, qui, sans souci des classes laborieuses, ne pensent absolument qu'à eux et à leurs courtisans. Beaucoup de ces anciens employés accepteraient avec empressement, et n'importe où, un travail qui leur permît de sortir d'une condition plus misérable encore que celle des ouvriers.

5°. Des commerçants, des industriels que le manque de soins, de prudence, d'aptitude, ou enfin des malheurs impossibles ont plongés dans la plus profonde misère. Ce sont les plus malheureux avec un certain nombre de la classe suivante. — Ne demanderaient pas mieux, pour la plupart, que d'être occupés dans quelque retraite où ils ne seraient pas connus. Presque tous pauvres honteux, comme les suivants, avec lesquels ils ont beaucoup de rapport.

6°. Des gens de la classe riche, que la négligence, l'incapacité, l'inconduite ou de grandes catastrophes ont mis dans la même situation que les précédents, dont ils ont les regrets et les idées, mais avec plus de fierté. — Bien que les ambitieux se trouvent un peu partout, dans toutes les catégories de pauvres, aussi bien que parmi les gens aisés, c'est dans ces deux dernières classes de pauvres que se rencontrent surtout les têtes où naissent et fermentent les projets véreux et le désir excessif de se relever; autre plaie de la société. Quelques-uns, exaspérés par une situation intolérable, se jettent tête baissée dans toutes les mêlées, décidés à y rester ou à en sortir tout à fait *remontés*. Il est bon de remarquer ici que ce sont surtout ceux qui ne doivent leur misérable situation qu'à l'inconduite, qui sont les plus remuants et les plus violents; et il en est ainsi dans toutes les catégories de pauvres.

Parmi ceux de cette dernière classe qui supportent avec résignation leur triste sort, beaucoup rempliraient volontiers des fonctions exigeant quelque instruction.

En somme tous les pauvres qui souffrent moralement sont les plus malheureux, et ils le sont d'autant plus qu'ils préfèrent souffrir en silence, loin de tous les regards, plutôt que de solliciter aucun secours. A coup sûr ceux-là ne participent point activement aux révolutions violentes : cependant on ne peut nier que, s'ils n'y vont pas de bon cœur, du moins ils font nombre dans les grandes occasions, ce qui est de nature à donner confiance aux plus audacieux et par suite à prolonger la lutte.

Tels sont le pauvres. — Physiquement et moralement, la société fait tout ce qu'elle peut pour les soulager. De nombreux bureaux de bienfaisance, quantité de maisons de charité, sans compter les dons particuliers, pourvoient aux besoins du corps. Un grand nombre d'institutions morales entretiennent le courage des uns et relèvent celui des autres. Mais que peuvent tous ces secours, si grands qu'ils soient, pour tant de gens?... Et comment parvenir jusqu'à tous ces pauvres honteux qui se cachent?.. C'est avec raison qu'on nous répondra qu'on ne peut rien de plus pour ces derniers puisqu'on ne les connaît point. C'est juste. Alors il faut chercher quelque moyen de les découvrir, ou mieux de les faire se découvrir, sans que leur amour-propre en soit blessé.

C'est difficile, nous en convenons, et nous n'osons pas nous flatter que notre idée y suffira, car elle n'a pas seulement en vue ces derniers mais tous les pauvres en général. Enfin, quand elle ne servirait qu'à mettre sur la voie d'un projet plus pratique et surtout plus prompt, nous n'aurions pas tout à fait perdu notre temps. C'est là notre plus grand désir.

C'est donc du TRAVAIL dont il s'agit, on l'a vu plus haut. — En effet, si les secours, si les dons en nature ou en argent sont propres à satisfaire beaucoup de pauvres, et à contenter, faute de mieux, ceux qui n'ont pas encore perdu tout sentiment, il faut avouer qu'il en est beaucoup aussi qui sont loin de partager cette manière de voir, et la preuve c'est qu'ils se refusent à solliciter aucun secours de ce genre. Or, s'il est quelque chose qui puisse relever l'homme à la fois physiquement et moralement c'est bien le Travail, parce qu'en échange de ce travail l'homme ne reçoit que ce qui lui est dû, et cela sans être tenu à reconnaissance.

On voit que notre idée est circonscrite, limitée aux pauvres encore assez valides pour être occupés suivant leur âge, leur vigueur et leurs aptitudes. Mais n'est-ce donc rien que de soustraire à la misère, sans aucune charge pour la société, loin de là, cent ou cent cinquante mille pauvres destinés à devenir plus malheureux encore? Nous rappellerons du reste que nous avons parlé de réduire le paupérisme et non de le guérir. A cet effet nous présentons plus loin un autre moyen qui pourrait le prévenir en partie.

Pour revenir à notre sujet, on ¡nous fera sans doute ici quelques objections, à savoir : que l'ouvrage ne manque pas tant que ça ; que l'industrie et le commerce trouvent parfaitement à employer les gens âgés qui ont une conduite régulière, et qu'il ne nous restera plus que des gens sans valeur et dont nous ne pourrons tirer quoi que ce soit. — C'est fort bien pour ceux qui sont depuis longtemps dans la maison où ils atteignent leurs cinquante ans par exemple; et, dans ces conditions, nous pouvons presque affirmer qu'ils y finiront leurs jours; mais pour cent raisons, dont la plupart fort bonnes et bien justifiées, le nombre est encore malheureusement trop grand des ouvriers, des employés, des commerçants ruinés qui cherchent du travail à l'âge de cinquante ans. Et pensez-vous que ceux-là seront occupés longtemps lorsqu'ils en auront trouvé? Assurément non, car on préfère de beaucoup les jeunes gens, sans doute par crainte d'avoir, dans un temps peu éloigné, un vieillard à soulager ou à garder plus que de besoin ; le fait n'est que trop réel. Aussi ne sont-ils occupés en général que rarement et lorsqu'on manque tout à fait de monde.

On nous observera encore que les pauvres sont presque tous des ivrognes; qu'ils sont envieux, facilement irritables, et partant difficiles à conduire. Il y a du vrai dans ces observations : mais qui pourra nous dire combien il en est parmi eux qui ne boivent que pour oublier? qui pourra nous dire encore où l'Envie se trouverait mieux et plus chez elle que chez celui qui ne possède rien, et qui voit tant de superflu autour de lui? Combien de gens envieux, d'ailleurs, même parmi les gens riches! ce n'est pas cela qui manque, mon Dieu! ni les moyens qui coûtent pour parvenir! il ne faut souvent qu'un peu d'aplomb; l'audace de l'aigle et la rapacité du vautour pour s'élever plus haut encore. Eh bien, si vous améliorez un tant soit peu la situation des pauvres, peut-être la comparaison tournera-t-elle à leur avantage; c'est un essai à faire, qui aura bien son attrait et son prix, au double point de vue de la science et de la régénération dont chacun parle tant et s'occupe si peu.

A cet effet nous avons donc rêvé la création, en France, de huit à dix grandes cités de travail pouvant occuper chacune douze à quinze mille hommes et femmes, et dans lesquelles on fabriquerait, presque exclusivement et à bas prix, toutes sortes d'objets destinés à l'exportation. Ces cités élevées loin des grands centres, sur de vastes terres, qui, à un moment donné, ne coûteraient plus rien aux compagnies par suite de nombreuses cessions faites par elles, à de certaines conditions, au petit commerce et aux industriels qui voudraient profiter de cette agglomération nouvelle; ces cités, disons-nous, convenablement distancées dans chaque région, bien pourvues de voies navigables ou ferrées, offriraient à beaucoup de pauvres, nous n'en doutons pas, un abri sûr contre la misère, attendu qu'il leur serait ménagé un fonds de retraite proportionné au travail qu'ils y auraient fourni.

Cependant nous ne prétendons pas dire que tous les pauvres insisteraient pour être admis dans ces vastes établissements: non, car nous savons parfaitement qu'il en est, et beaucoup, que la plus grande misère ne fera jamais sortir de l'endroit où ils sont nés, où ils ont leurs connaissances et leurs habitudes, mais il y en aura toujours assez, pour ne pas dire trop, qui ne demanderont qu'à fuir des lieux où ils auront été si cruellement éprouvés.

Et certainement la spéculation trouverait son compte à l'installation de pareilles cités, car tous ces gens pourraient y être employés à des prix très-réduits, tous objets nécessaires à leur existence étant maintenus autour d'eux dans les mêmes conditions.

Il est clair que tous les emplois de bureau, de surveillance ou de contre-maîtres ne seraient pas l'occasion d'un salaire plus élevé relativement.

En dehors du travail, chacun y serait libre comme partout ailleurs, et pourrait même partir de la cité si bon lui semblait, en touchant, bien entendu, le décompte provenant de la retenue qui lui aura été faite chaque semaine en vue d'une retraite, mais il n'y pourrait plus rentrer ; son départ, ainsi qu'un décès, permettrait d'accueillir favorablement la demande la plus ancienne ou la plus urgente.

Il ne serait admis dans ces établissements que des hommes ayant 46 ou 48 ans au moins et 56 ou 58 ans au plus ; et des femmes de 40 ans au moins et 56 ou 58 ans au plus ; les estropiés ou blessés pouvant être employés à un travail quelconque, à tout âge, sauf ceux que leurs blessures ou quelque vice de nature n'empêcheraient pas de travailler à leur profession habituelle ; toutefois il pourrait être fait une exception en faveur de ces derniers, pour qu'ils y fussent reçus dès l'âge de quarante ans. — Du reste tous ces chiffres seraient l'objet d'une étude particulière. Nous ne les donnons que pour faire ce travail aussi complet que possible.

D'ailleurs nous n'avons pas la prétention d'établir ici un règlement d'intérieur qui demande le concours d'un certain nombre d'hommes éclairés et mûris par l'expérience. Si nous en avons indiqué sans parti pris les dispositions principales, ce n'est absolument que pour mieux faire saisir ce que nous avons imaginé pour venir en aide au paupérisme. Le peu que nous en avons dit suffira certainement pour compléter un projet qui se présente naturellement à l'esprit dès qu'on est sur la voie.

Tel est notre palliatif, ou notre rêve, comme on voudra. Nous convenons qu'au premier abord il semble de taille à faire reculer les plus décidés; qu'il est surchargé de détails exigeant beaucoup d'expérience et quantité de connaissances diverses. C'est vrai. Mais qu'est-il, après tout, devant les rouages multipliés d'une administration publique; auprès de nos grandes lignes de chemins de fer?... S'il n'est pas moindre, à coup sûr il n'est pas autre chose, d'autant plus que l'on peut fort bien n'y donner suite que progressivement, et, en somme, l'entreprise est moins importante que n'est grave la question qui nous occupe.

Malgré son utilité incontestable à divers titres, au point de vue de l'humanité comme à celui de notre commerce extérieur, nous n'ignorons pas que ce projet, mis à l'étude même immédiatement, ne saurait être d'un bien grand secours avant de longs mois, surtout en des moments si critiques; néanmoins toutes ces constructions à élever sur divers points de la France ne laisseraient pas que de faire beaucoup de bien longtemps avant l'ouverture des ateliers.

Enfin l'idée en est jetée: si elle est vraiment réalisable, comme nous le pensons; si elle semble devoir être assez productive, comme nous le croyons encore, nous ne désirons plus qu'une seule chose, c'est de la voir mettre à exécution par quelque grande compagnie.

Nous allons terminer cette trop courte étude par quelques réflexions qui vont nous conduire directement aux deux autres grandes questions du « *Droit au Travail* » et de la « *Liberté* ».

## III

Ainsi donc nous réduisons le paupérisme en retirant surtout des grands centres quantité de malheureux qui surchargent les bureaux de bienfaisance;

Nous arrachons à une mort violente, regrettable à tous égards, quelques-uns de ceux qui, trop faibles pour supporter une perte, un malheur, et trop fiers pour solliciter aucun secours, cherchent dans le suicide un refuge contre la faim qui les presse;

Nous réduisons le nombre des vagabonds et même des criminels, car il en est trop malheureusement qui prennent cette voie lorsqu'ils ont perdu l'habitude du travail à la suite de chômages réitérés et prolongés;

Nous laissons un peu plus d'ouvrage à ceux qui restent dans les centres, car c'est surtout à l'étranger que nous faisons concurrence; il ne faut pas l'oublier.

Et enfin nous donnons satisfaction à cette autre grande proposition du « Droit au Travail, » lancée par beaucoup d'honnêtes ouvriers, nous le reconnaissons volontiers, mais encore plus vivement posée par un bon nombre d'autres qui n'ont jamais manifesté tant d'amour que ça pour tout labeur même léger.

Sans doute ce n'est point une solution, puisque ces divers établissements ne donneraient asile qu'à un nombre limité, bien que considérable, de gens d'un certain âge ou infirmes pouvant encore travailler, mais c'est toujours une réduction qui a bien son importance. Et d'ailleurs, qui pourra jamais se flatter d'avoir résolu cette grave question? A parler franchement, nous ne pensons pas qu'on puisse rien faire de plus pour elle, — à moins que le hasard ne s'en mêle, — car nous la considérons, pour les mêmes causes et pour les mêmes raisons, comme insoluble autant que le paupérisme. — Tant mieux si nous trompons : nous ne pousserons jamais l'amour-propre jusqu'à souhaiter de n'être point démenti, quand de cette circonstance il doit résulter un grand bien.

Mais cette persistance à en réclamer la réalisation nous met à l'aise pour dire un mot de sa contre-partie, laquelle seule, à notre avis, pourrait encore réduire un tant soit peu le paupérisme, car toutes ces questions se tiennent et s'enchaînent.

Ici nous allons toucher une corde sensible, et nous savons qu'aujourd'hui l'on hésiterait pour moins; cependant nous poursuivrons, et voici pourquoi : c'est que nous avons quelque chance d'obtenir deux voix sur trois. En effet, l'un des partis extrêmes va nous lapider, pendant que l'autre va nous élever aux nues; tous les deux sans plus d'examen, comme d'habitude ; le centre, lui, se recueillera et méditera. Cela nous suffit, parce que nous avons l'espoir qu'il reconnaîtra que nous sommes dans le vrai.

Pourquoi donc tarder plus à lâcher le grand mot? Eh bien, c'est la « Liberté! » Oui, vous êtes dans la situation de ce malade auquel dirait un praticien : « votre plaie est sans remède ; il faut qu'elle ait son cours, parce qu'elle est dans votre nature ; mais je puis la circonscrire, la rendre moins hideuse au prix des cinq doigts de l'un de vos pieds. Cela vous gênera d'abord pour courir, pour marcher, mais peu à peu vous vous y ferez, et vous ne regretterez plus cette privation en présence du soulagement qu'elle vous aura procuré par ailleurs. »

Mon Dieu, oui, vous ne pouvez plus réduire notablement le paupérisme qu'au prix d'une partie de votre liberté, à laquelle cependant vous ne voulez pas qu'on touche. Alors comment donc faire?

Je comprends votre hésitation : vous aimeriez autant ne rien donner et obtenir tout de même l'extinction du paupérisme; c'est évident. — Mais cela n'est pas possible. Vous n'avez pas le choix, ou du moins pas celui-là. Voyons, que décidez-vous? Voulez-vous vivre et mourir avec votre mal tel qu'il est présentement?.. — Oui? — C'est bien. Alors résignez-vous : vous n'avez plus rien à espérer que de quelques idées en l'air dans le genre des nôtres, et qui ne sont trop souvent que des voix de plus dans le désert.

Voulez-vous au contraire alléger vos souffrances et circonscrire cette large plaie qui fait succomber à la peine bon nombre d'entre-vous?.. Alors résignez-vous encore et préparez-vous au sacrifice en question. Vous ne sortirez pas autrement de ce cercle étroit.

Vous le voyez, toujours le bien et le mal se dressant à chaque pas devant nous.

Or donc, il faut que la loi puisse dire résolûment à tout homme n'ayant pas d'autre moyen de subsistance : « Que faites-vous ici? Voyons votre livret... Vous ne travaillez pas habituellement.. Pourquoi?... Vous n'avez pas d'ouvrage?.. eh bien, retournez dans la commune où vous êtes né ; dans les champs où l'on manque de bras. Vous reviendrez quand on vous demandera. »

C'est toujours du travail en attendant mieux ; et, puisqu'on en demande, nous ne voyons pas pourquoi l'on s'y refuserait.

Et enfin que cette loi renvoyât de même, — ce qui ne nous semble pas plus difficile — les ivrognes et les gens qui, ayant du travail en main, laissent là chômer les commandes, au mépris de tous sentiments de pudeur et de loyauté ; faisant ainsi le plus grand tort aux bons ouvriers, et formant, par leur présence dans les grands centres, le plus dangereux exemple qui puisse être offert aux jeunes gens.

Voilà le seul moyen capable de réduire le Paupérisme. — C'est dur, mais c'est vrai ; et le temps est venu de dire la vérité ou jamais.

Eh ! qu'est-ce après tout que cette légère atteinte à la liberté? Combien de lois vous rivant plus étroitement à votre chaîne, ne subissez-vous pas sans vous en apercevoir, parce qu'elles sont passées, avec le temps, dans nos habitudes et dans nos mœurs ?... Eh bien, il en sera de même pour les nouvelles, s'il en est de nécessaires à cet effet.

Enfin si vous êtes indécis dans votre choix ; si la question vous semble trop grave pour être résolue par un seul homme, cherchez l'avis des autres en recourant à un vote, et, quoi qu'il en résulte, conformez-vous au sentiment de la majorité ; c'est le plus sage de partis.

Si le hasard ou un jugement plus sain vous plaçait dans les rangs du plus grand nombre, seriez-vous satisfait qu'une minorité à la fois audacieuse et violente vînt annuler votre choix et vous imposer le sien ? Assurément non ; et vous vous écrieriez avec raison que « la Force prime le Droit !.. » Modérez-vous cependant. Peut-être en ferez-vous autant lorsque, sur une autre question, un résultat contraire à vos intérêts sortira de l'urne que vous aurez ouverte.... — Vous ne me connaissez point. — Bah ! au fond, tous les hommes sont les mêmes ; la fortune seule ou l'intérêt les fait différer quant au langage ; et, comme eux, vous changerez d'avis. — Jamais ! — Jamais !... Alors vous serez une de ces rares exceptions qu'on éloigne parce qu'elles sont gênantes.

Soyons donc justes avant tout, même à notre préjudice quand le bien public l'exige. Ce n'est qu'à ces conditions que nous aurons raison du mal, car alors nous serons réellement forts.

En effet la Justice seule est forte. L'audace peut bien en tenir lieu un instant, mais autant vous élèverez d'institutions sur ce triste échafaudage, autant vous en verrez disparaître qui ne laisseront après elles que désastres, ruines et sang.

Pratiquons donc la JUSTICE puisque la société ne peut vraiment prospérer qu'avec elle et par elle.

J'ai dit.

Paris, mars 1872

Paris. — Imprimerie centrale, rue Pagévin, 14 — E. Richard

IMPRIMERIE CENTRALE, rue Pagevin, 14